Guillaume Charest

Genèse d'un Hérétique

Guillaume Charest

Genèse d'un Hérétique

Éditions Muse

Imprint

Cover image: www.ingimage.com

Publisher:
Éditions Muse
is a trademark of
International Book Market Service Ltd., member of OmniScriptum Publishing Group
17 Meldrum Street, Beau Bassin 71504, Mauritius

Printed at: see last page
ISBN: 978-620-2-29475-1

Genèse d'un Hérétique

Merci à Mélanie et Israël,
Mes deux bouées

À mon ami William,
Grâce à qui pour chanter,
Je n'ai pas besoin de vendre 30 dollars mon bouquin

Table des Poèmes

Même en automne

Bien pensif, je reluque,
Immobile corps et âme,
Un tison qui s'enflamme
De la beauté d'un soir de mai;
Même en automne.

Il brille toujours,
Fuyant son foyer.
Sommes nous si étranger?
me demande-je,
Même en automne?

Je le vois innocemment batifoler
Inconscient de ce qu'il est,
Insouciant de ce qu'il peut,

Je le vois doucement se poser
Sur une pensée givrée
Et garder son sang froid.

J'en tremble comme la feuille,
Et rougit d'un chaud réconfort:

Tel est l'âme d'un feu de mai,
Qui apaise et nous tiens chaud,
Un feu vivant,
Même en automne.

Scission

Son léger passage sur ma peau
Me rougit et me donne des ailes,
Lançant ma vieille vie bien haut
À je ne sais quel étage du ciel.

En me murmurant doucement,
Il vole une partie de moi
Qu'il laisse bien précieusement
Dans une boîte de Pandore.

Son léger passage sur ma peau,
J'en tremble violemment.
C'est un ressenti qui plaie;

Ma plaie béante boit son couteau
Et sert de récipient cérémoniel
Au sperme qui se mêle sans mot
À mes larmes de dentelle.

Une expiration crache un geindre
Affaibli par l'effort de survie,
Tressant l'abstinence
De mon âme.

Monde jurassique

Loin des prisons grégaires
Et mille fois propriétaires,
Loin des excès exhaustifs
Et de l'individualisme massif,

Loin du politiquement correct
Et de la langue abjecte,
Loin du code civique
Et des étiquettes polémiques,
Du regard cynique,
D'un monde jurassique,

Il y a l'automne,
Avec ses arbres,
La terre qui nourrit,
La feuille qui rougit,
La canopée qui protège
Du blanc de la neige.

Il y a la mer,
Avec ses vagues,
La marée régulière,
Ses eaux prospères,
Le refuge des plages
Aux coeur volages.

Nature est telle une main maternelle,
Qui suit, sans l'imposer, son enfant,
Qui protège, sans isoler,
Et qui toujours est là
Pour discuter;

Mais l'homme a mûri

Et s'est rebellé.
Ne nous surprenons pas
D'être bientôt évicté.

Pensées

Jetez-moi les fleurs du jardin suspendu,
Voluptueuses et divinement parfumées,
Mais de grâce, épargnez-moi des roses
Leurs anguleuses épines affutées.

Jetez-moi les fleurs de ce temps déchu,
Fanées, mais pleines d'antique beauté,
Et de grâce, ne me montrez pas leurs vices,
Sans quoi je n'aurai rien pour m'accrocher.

Jetez-moi des fleurs, je ne vous verrai plus,
Costumé, allongé et embaumé.
Car leur grâce me rappellera
Les jours où elles m'ont aliéné,
Où elles furent plus teintées,
Plus colorées
Que la réalité.

Poésie d'une Machine

Les feuilles rougissent l'automne
Et des rouges-gorges volent.
J'ai les joues rougies par le froid.

Les feuilles jaunissent l'automne
Et je ris jaune quand je tombe.
Le soleil est jauni le soir.

Les feuilles orangissent l'automne
Et le soir je tombe sur le sable
Pour regarder le coucher orange.

La nuit, il n'y a plus de couleurs.
Tout est noir, et je ne vois plus.
Au revoir, belles couleurs d'automne.

Gel astral

Je m'émeus de louanges célestes
Descendant joliment d'en amont,
Radieuses et blanches, tel un zeste
De nuages, qui poliment s'en vont
Recouvrir les saules d'une veste
Si belle qu'ils pleureront
Le retour des feuilles le reste
De la danse des saisons.

Le Futur

èdé moi
tou tè sinple
tro sinple

mèsaje anvoillé

le GOUVERNEMENT
veu pa kon soi intèlijan
il zon chanjé lé mo
il pass dé pub cone
a la télé
a la radio
dans lé santre pour lé jeun
é on è touss con

mèsaje anvoillé

èdé moi a arèté le GOUVERNEMENT
je veu conaitre la diversité
je veu conaitre la boté
je veu conaitre

mèsaje envoillé

o non
il cogne la porte
il zon vu mon texto
il son pa contan
bye bye

Le Vrai Français

Laissez mes membres inférieurs
Rencontrer votre postérieur
Lorsqu'on reproche à mon dentier
De parler de lâcheté.

《Mais c'est pas le vrai français》
Et non plus l'absence de négation,
《Mais ça n'est pas le vrai français》
Et non plus le manque de précision,
《Mais ça n'est pas la vraie langue française》
Ça n'est pas commencer d'une conjonction.
《La vraie langue française, ça n'est pas…

ça》

Et qu'est-ce donc?

Plus loin qu'un vaisseau pour échanges d'idées,
C'est un galet de culture qui ricoche dans la bouche,
Et le bon galet est un choix personnel
Selon la sorte d'étang avec laquelle on travaille
Et le poignet qui le lance,

Alors laissez donc les lâches parler laid,
Car c'est dans les différences de langue
Que vous allez comprendre la force du galet
Qu'ils ont choisi pour projeter leur culture.

Crépuscule

Des ficelles d'éternel voltigent dans le rouge
D'un ciel qui gèle et fige le voyage du temps,
L'espace d'un instant.

Le profil angélique d'un mirage bouge
Ses ailes de flanelle et change l'océan
En mer de sentiments.

J'appelle celle qui sage et volage
M'attelle à ce zèle qui m'agite gentiment,
Et l'attends patiemment;

Et la belle demoiselle nage en images
De miel visuel en ce rivage luisant,
Se tourne lentement,
Et me tend sa douce main.

Teddy Bear

《À cause de tout et pour un rien》
Je lis la ligne comme un obituaire,
Un rugissement défonce mes viscères,
Peut-être qu'en criant elle va se réveiller..

Mais rien.
Je prends une mèche que je caresse soigneusement
Et démêle ses cheveux du nœud coulant.

La lettre :

《À cause de tout et pour un rien,
Ce n'est pas contre toi mon poussin,
J'ai quelque chose pour me faire consoler.
Joyeux anniversaire Bastien.》

Je retire la peluche de ses doigts crispés
Et l'étreins de mes pleurs égarés
Pour le reste du réveillon.

Vers d'Hiver

Sous terre, les vers
Retournent, à l'air d'hiver,
Vers des mers plus chaudes,
Comme mon père aime le faire.

C'est l'ère grégaire et, pourtant,
La Terre se terre tout le temps
Vers des galères de vipères
Qui aèrent leurs artères dans le désert.

Il ne faut guère être solidaire,
Car pourrait bourgeonner en nous
Quelque chose de différent,
Quelque chose de faible,
Quelque chose de vert:
L'amour de tous.

Cessons d'être amer envers nos paires,
Levons nos verres de misère
Et buvons-les tous en étant fier
D'être un Québec québécois.

Kilimanjaro

La laine nuageuse, comme un tricot,
Enveloppe le mont gravit d'une eau
Blanche comme le sommet gracieux
Qui la perce d'un corps vertueux.

À son pic, le soleil est sur un piédestal:
Jamais aussi près, jamais aussi loin.
La puce médite sur son chemin
Et les lentes vagues se mouvant en aval.

《Toujours, il y aura un plus Grand
Qui nous tendra vilement sa main,
La retirant cruellement juste avant
Que l'on atteigne ses doigts malsains,

Et toujours il y aura un plus humble,
Dont on oubliera bêtement la valeur,
Le regard figé vers l'inatteignable
Soleil brûlant d'illusions de chaleur,

Mais sagement mon père m'a dit:
Abaisse les yeux ma fille,
Le soleil est beau,
Mais rend aveugle.》

Zeppelin

Le jour viendra où l'on admirera,
Du haut d'un zeppelin, la vue d'en bas,
Pleine de champs parsemés d'ordures
Et de métropoles désertées de verdure.

Le jour viendra où l'on se demandera
Combien de sacs noirs on peut laisser là,
Traînant dans la terre agricole
Sans mourir avant de finir l'école.

Le jour viendra où l'on se bouchera
Les narines dès que l'on sentira
L'odeur du parfum des lilas,
Trop habitué d'inhaler du lixiviat.

Le jour viendra où vous ne serez plus là,
Et petit à petit, la terre se ranimera,
Et entre vous et moi, Sirs Capital,
Il en sera bien mieux ainsi.

Dystopie du band-aid

Les strings de ma strat
Gloussent du Gilmour,
Et font fuir en même temps
Les instants d'un solo
Et ma grande douleur;

J'enlève mon band-aid pis j'vois
Ma peau plissée
Par le stress de l'espèce:
J'ai pas d'sous calisse
Pis ça pisse le sang,

Mais aussi mes doigts,
Luisant du sang,
Qui malgré le supplice,
Ne cessent de danser.

J'enlève mon band-aid pour un solo,
Mais l'plaster,
Y garde mon sang
Et le feel en d'dans.

Trip d'acide d'un schizophrène anxieux

Des opiacés sur la table.
Ils m'appellent..
J'en empoigne le tiers,
UUUUUUUUUUUUUUUUYOOOOOOOOOOOOOO
Le monde dans mes yeux
Je suis Dieu. Et j'JJJJJJJJJJJJJJJJJJJJJJJJJJJJJJJ
Attend ton tour.
D
Fais rien ça sert à rien tu sers à rien tu vaux rien
Le monde vaut rien pour toi c'est pour moi je le sens je suis connecté c'est l'effet papillon je tue du monde, je tue du monde, je tue du monde, non, NON, JE TUE DU MONDE, JE TUE DU MONDE CHUI PAS DU MONDE CHUI TUE DU MONDE JE TUE DU MONDE.
.
.
.

L'Ermite et l'Hirondelle

Pastiche de raison et maints espoirs trahis
M'acculent sans avis au fond de ma pensée.
J'y découvre un vil monde, un étrange pays,
Parsemé de loups, me zyeutant affamés.

Les bêtes en déroutes poursuivent leur souper
À n'en plus arrêter tant qu'ils ont encore faim.
Ce sont les loups du doute qui ne cherchent qu'à manger
Chaque esprit reculé qu'ils trouvent sur leur chemin.

Ils attendent patiemment que je me voile la vue,
Que mon regard se terre dans une douce insouciance,
Que je quitte mon camp, tout seul et tout nu,
Pour croquer sans vertu cette chaire de plaisance.

Mais parmi ces bêtes, en est une plus sage,
Qui me jette d'un clin d'œil un grand seau de courage,
Et son regard perçant, débordant de rage,
Me donne le pouvoir d'éviter ce carnage.
De ses mots, il m'empoigne et me fais remarquer
Que ces maux qu'il éloigne, il les a côtoyés.
Il me donne son nom avant de disparaître :
« John the Wolf. », dit-il, « Heureux de vous connaître. »

Je continue ma route dans les fonds de ma tête,
Repoussant des tempêtes de colères ambitieuses.
Je fuis toujours le doute de n'être qu'un poète
Qui n'a que des requêtes de lyrisme capricieuses.

Et ces tornades de vents qui ne peuvent s'essouffler,
Puis-je les éviter si je ne peux comprendre,
Ni pourquoi, ni comment, elles se sont déclenchées,
Si même leur parler ne les font pas attendre?

Parmi ces tempêtes, en est une plus sage,

Qui me jette d'une bourrasque un grand seau de courage,
Et ses vents si constants, qui empêchent mon naufrage,
Me donnent le temps d'éviter ce carnage.
De ses mots, elle m'emmène et me fait remarquer
Que ces maux qu'elle éloigne, elle les a côtoyés.
Elle me donne son nom avant de disparaître :
« Je suis Raison », dit-elle, « Heureuse de vous connaître. »

Mes yeux scrutent la voûte cherchant un escalier
Qui pourrait me mener hors de ce grand pays,
Je crois, sans nul doute, ne pouvoir le quitter,
Je ne sais où aller, et mon cœur ralentit.

D'un cri bien strident, j'appelle au désespoir.
J'ai l'impression d'y voir toute mon âme déchue,
Car tous ceux que j'attends, ne viennent pas me voir.
J'ai l'impression de croire, à des démons velus,

Mais parmi ces vils êtres, en est un des plus sages,
Qui me jette d'une lanterne un grand seau de courage,
Et la voie qu'il me tend, une carte sauvage,
Me donnent les directions pour sortir de cette cage.
De ses mots, il me mène et me fait remarquer
Que ces maux qu'il éloigne, il les a côtoyés.
Il me donne son nom avant de disparaître :
« Tes Amis », me dit-il, « Heureux de vous connaître. »

Et à force d'errer dans ses plaines sauvages,
D'user de ce courage que le monde m'a confié,
Je finis par trouver un de ces anciens villages
Où, il y a quelques âges, tout avait commencé.

Le plus sage me dit : « Comprends donc, mon fiston,
Que ce monde est au fond de chacun des cerveaux.
Le courage, mon ami, que tu trouves en ces noms,
Pour un autre malheureux, peut venir de tes mots.

À présent, envole-toi pour rejoindre ton nid
Et traverse le ciel tel un fort et grand cygne,
Mais surtout n'oublie pas, en quittant ce pays,
De faire pousser des ailes aux âmes qui te font signes. »

Mille de la Gauchetière

Effleurant la voûte trouée de smog,
Le Mille me dévisage d'un hautain regard.
Il règne en seigneur sur un peuple,
Dictant comme mœurs les vertus du dollar.

Il incarne la stature fulgurante
D'un monde dépassé par sa progéniture;
Et la brume protégeant son sommet,
La *concretisation* de telles mesures.

Je, passant tout bas, chuchote intimidé:
《Wow, c'est bien trop grand.》
Comme un clin d'œil polysémique.

La Médaille Déshonorée

Un halo argenté émane
D'une médaille trouvée au sol
Entre les doigts d'un soldat.

On l'entend chanter l'antan,
Comme un écho à mon père,
Qui d'un murmure dernier,
Me l'a fièrement léguée,
D'une paume moite,
Et d'un regard terrifié.

On l'entend chanter l'antan,
Comme un écho à la terre,
Qui de mes deux petits souliers
Fut cent fois labourée,
Par une figure droite,
Jeune et terrifié;

Mais,
Pour la guerre, ils l'ont prise,
Fondue et d'un fou alliée,
Forgée en balle de fusil
Qui traîne désormais
Dans une tranchée,
Inutilisée,
Oubliée,
Comme son histoire,
Et la nôtre.

Velours Empoisonné

D'un volute velours moribond,
Nous ne pouvons caresser
L'éternité,
Nous devons goûter
Au parfum nauséabond
De la triste vérité:
La défection,
Sans quoi notre sort,
D'ici là en putréfaction,
Aura le bien amer arôme
D'une assiette festive
Dont on décrira en larmes
La nostalgie intangible
Désormais irréssuscitable,
Sourire jauni aux lèvres.

Taraxacum

S'en va en volant un plumeau gracile
De taraxacum doucement soufflé,
Comme un vœu de jeune insouciance
Au soir du solstice d'été.

Et ce céleste ange, d'illusion toutefois,
Bat d'une aile suave devant mon émoi
Et instaure en mon cœur, bien malgré lui,
L'amour d'une prompte et éphémère poésie.

Les Treize Mois de l'Année

D'une neige de janvier nous nous sommes échangé
Un regard aussi court et blanc que février,
Mais ton vil œil de Mars a en mon cœur bâti,
Tel un poisson d'avril, un coup d'état sans bruit.

Mai comme est fort tenace mon sang rouge vermeil,
J'ai réchauffé mon cœur de la chaleur de juin
Pour que juillet soit beau de rayons de soleil
Et si juste au qu'août tu veuilles sortir demain.

Mais, hélas, septembre m'a frappé au visage,
Et d'un frisson d'octobre ton œil me dévisage,
Comme je tombe inconscient dans les feuilles de novembre;
Je vivrai donc bien seul les bonheurs de décembre,

Car sans treizième mois, le temps n'avance pas,
Et ce treizième mois, ma très chère, c'était toi.

Paradis

Trois serpents de sapphir s'en descendent des cieux
Vers le roc se dressant comme deux religieux
Adulant les teints roses et orangés solaires
Qui chapeautent le tableau d'un halo de lumière.

La paire de subalternes aux côtés du plateau
S'écoule férocement d'une puritaine eau,
Tandis que né du feu, leur plus doré confrère,
De ses crocs, s'en va mordre la jouvence de la terre.

Et ainsi, devant moi, s'ouvre la voie du Nord,
Où se meurt la vie, et où vivent les morts,
Où j'irai reposer pour une éternité
En grimpant sur le dos de ce serpent doré.

Sur une Galère

Sur une galère, étreignant les flots,
Se tient un vil homme et ses matelots
Portant un heaume de métal poli,
Comme un javelot pointant vers l'ennemi,

Qui bien lentement va scinder la terre,
D'une force incroyable et de lames d'argent,
Et deviendra maître par la loi de Guerre
D'un pays vaincu bien sauvagement;

Ainsi Manitou pourra savourer
Son agréable petit-déjeuner
Sans devoir couper de sa propre épée
Les fruits et rôties qu'il a préparées.

Ballon météo

On envoya sonder un ballon météo
Au cœur de mon humeur, voir d'où sortes les eaux
Qui s'écoulent sur ce monde depuis bien des journées,
Apeuré d'inonder les bonheurs d'à côtés,

Et c'est moi qu'on lança à bord de ce ballon,
Moi qui suis à présent devenu bien moins rond,
J'air perdu de mon air, et me fais remarquer
Que je tombe lentement vers des terres isolées;

Et les journées se meuvent en des mois, des années,
Si bien qu'on s'accoutume à me voir éloigné.
Je ne flotte maintenant que du poids allégé
Que l'oubli de ses paires porte au cœur d'un aimé.

Brasier

La flamme volute s'enrage,
Nourrie de mon œil qui la fixe.
Elle consume la tobe qui la retient
Et s'asseoit à mes côtés.
J'entend crépiter
Son cœur calciné,
Elle s'approche,
Elle m'empoigne les poignets,
Ma peau cloque au centième degré
Et j'ai mal sans broncher.
J'ouvre la bouche et l'avale
Mes tripes fondent
Et mon estomac brûle.

J'décriss d'icitte pis j'prends les rennes
Que j'arpoussait trop souvent
Ça fait trop longtemps
Que j'mettait mon fun et le feu d'côté.

Phénix

Mes semelles rappellent Richter
Et mes pas font deux lieux,
Comme un phénix je brûle
La broussaille pas importante,
Partout où j'passe mon ventre
Crache la ruine sur son chemin,
Mes yeux des boules de feu
Viles et assoiffées de sécheresse
Et de comburant.

Comme un rugissement de défection
Je vois ceux que j'aimais
S'armer d'extincteurs,
J'inspire la peur
Par la destruction,

Mais c'que l'phénix oublie,
C'est qu'on brûle pas pour toujours,
Pis comme de fait y s'vide
Dans un pays vide,
Y'est seul,
Pis y'a frette.

Bal

-Accordez-moi cette joie, je vous supplie,
Joli rubis dont j'hume le poli!
Parfumez cette main mortelle
Des arômes dont on use au ciel.

- Certainement, galant Apollon.

Et de rondes, l'aiguille tourna
La dame s'excusa.

La main inodore rejoignit sa sœur,
Se percha sur un corps en peur,
Longea le tissu d'horreur,
S'ancra de force
En chaire,
La prisonnière,
Retenu en proie
D'amour froid,
De se sentir destituée des cieux,
S'admira en glace et laissa couler
Une perle bleue.

Le Monde est Petit

Lentement,
La fenêtre se fend en pixels,
Comme une TV
Qui projette une fiction.

Sous le toit j'instaure
Des frontières et régions
Pour me démobiliser,
M'ermiter,
Encore
Plus.

Ne Faites Pas Honte À Votre Siècle

Vous qui peuplez de fleurs
Les jardins de la poésie
Et du renouveau,

Vous qui apprenez à vous enfuir
D'un monde grégaire
Tous ensemble,

Vous qui êtes à l'aube du monde
Après le huard,
Qui a migré pour l'hiver,

Vous qui allez relier
Le livre de l'Histoire,

Vous qui haussez le mégaphone
Devant le Bloc Québécois
Du traditionalisme aveugle,
Qui allez ouvrir l'enveloppe brune
De la corruption, du lobby
Et du viol civique,
Qui allez la brûler
Et en faire le flambeau olympique
Du ralliement de la jeunesse
Et de la modernité,
De l'après-guerre
Assaisonné des sels
Des larmes amers évaporées
De ceux que vous aurez vaincus,

Vous qui êtes de ces gens-là,
Ne faites pas honte à votre siècle:

Écrivez, criez, ralliez, gagnez.

Kraft Dinner

Je ne crois pas en Dieu,
Au sens large des termes.

Un omnipotent,
Omniscient,
Omniprésent,
Est certainement
Omnivore;
Grugeant toutes les ronces de Beau qu'il trouve
À s'en éroder les incisives,

Et pourtant le monde est abondant
De Belle poésie et de lumière,
De libellules volant au ras d'un lac
Miroitant à la lune nimbée d'étoiles,
À travers les quenouilles humides
De la rosée perlante d'éclatants reflets célestes;

Une poésie infinie, qu'on peut gruger
Sans jamais en venir à bout,
Partager sans diviser.

J'aime penser que Dieu
Est encore à se goinfrer
Sur la même ronce
Qu'il y a des siècles,
Tel un ambitieux insatisfait;

Qu'il soit là ou pas,
On mange notre Kraft Dinner
Tout seul à table.

Quelque part

Aller quelque part,
Grand livre ouvert
Sur une page blanche.

De l'encre j'en ai,
Mais la plume s'est fait voler
À dos de l'oie qui la portait
Vers le cimetière des bons jours
Et de l'heureuse jeunesse.

Aller quelque part,
Suivre aveuglement les phares
Du char qui nous devance
Dans la tempête de neige
Sur la 666.

Aller quelque part,
Faire le mort-vivant,
Errer dans la rue
Sans voir les chrysanthèmes,
Les myosotis et les lilas
Que la ville a plantées,
Sans voir que la route est belle,
Et qu'elle est là pour nous.

Aller quelque part pour espérer
Peut-être un jour se mentir et dire:
C'est pas si pire icitte.

Caribou

On ne voit pas, sur un 30 sous,
Le vrai museau d'un caribou,
Scintillant d'eau cristalline condensée
En arbre de bulles de verre gelées
À son extrémité,
Appelant l'homme de nature
Par des signaux de buée
Éprise d'un froid mordant
Et de cris magistraux
Qui lacèrent le las silence régnant
En ces terres du Nord;

Il n'y a que du métal moulé,
Parfois puant le gras
Des doigts crasseux qui se les passent
Et repassent,
En oubliant le caribou.

Balancelle

Une viole me plaint,
Languit son chant;
Mes larmes son archet.

J'entend l'absence d'un refrain
Qu'elle me promis un moment
Et qui n'arrivera jamais.

Le grincement de la balancelle
Masque le silence de l'abandon,
L'harmonie de la trahison,

Sa voix fait des détours
Pour m'éviter le chœur.

Sarzènes

En de lasses savanes dédaigneuses
Repose une grand-mère,
Des sarzènes de granit
Comme ses seuls repères.

Les ayants arrosées toute sa vie,
Elle n'octroie à nul
Le droit d'en faire des Sphinx
Ou des Vénus,
De peur que l'une se fane
Ou pire se brise,

Car l'abeille vit pour la ruche,
L'homme vit pour la Terre,
La mère pour son enfant,
La vieille pour ses principes,
Et lorsque l'autre meurt d'abord,

C'est tout son monde
Qui part en poussière.

Le 100 000 mètres

Elle rentre un soir,
Tannée de voir
Son litte pas faite,
Mal faite,
Vite faite,
Qu'elle au midi
Du jour et de la nuit
Tente vainement
De refaire,
Qu'elle au midi
Du jour et de sa vie
Tente trop vite
De refaire.

Elle rentre un soir,
Tannée de voir
Tous ses espoirs
La redoubler
À chaque tour de piste.

Elle est à boutte,
Mais y'a pas de pit stop
Aux Jeux Olympique,
Y'a pas de pit stop
Au 100 000 mètres,
Y'a pas de pit stop,

Juste le bleu des genoux meurtris
Par le poids cinglant de la solitude,
Pis ses cuisses maigrelettes,
Qu'elle fait swinger encore
Un autre tour,
Une autre
Journée.

Africa

L'épiderme relevé comme les fissures
D'argile séché qui tapissent le pays,
On se tapit dans les souks de Marrakech
À vendre de l'art, du sang de licorne
En bois sculpté, en flanelle fragile
Et en mocassins, les épices d'une vie
Et les fruits des années d'efforts dissimulés
Sous les brides du tapis au sol, celui des aïeuls
Qui ont planté les racines dont ils s'occupent encore,
Avec Gaïa et une louche de thé, des arômes locales,
Le temps d'une tasse.

Le nez se gonfle d'une gourde parfumée
Les poumons s'entrelacent à la chaleur d'été
On communique avec la poussière
Des brousses et des savanes,
Des étoiles et des plaines,
Des forêts et des acacias,
Des fleurs et des insectes,
De l'herbe et de tout ce qui vit,

On souffle le zéphyr quand on expire,
On danse avec la forêt,
Dans l'œil, les galères célestes teintées
D'un coucher de soleil que l'on écoute,
Dans le cœur le peuple qui respire
Les battements de l'âme africaine.

Ballet d'Escrime contre Neptune

Des arabesques voluteuses,
Des chanteuses sidérales
De poussière et de gaz,
D'un coup de baguette
Du maître d'orchestre
Se chahutèrent
En ouragan de Neptune,

Les narvals se plaignent
Que leur prestance n'égale
Celle de leur dieu
-Bien odieux-
Se mirent donc à nager vers l'abysse
Et émergèrent en chœur des méandres
Vers l'Éternel espace
Qui les séparent du Trident
Reposant à l'Au-delà,
L'Éternel inatteignable,
L'espace infranchissable,
L'effroi du trépas,
De l'inconnu du Je ne sais quoi,
Et parvinrent du bout de leur fleuret
À franchir la bulle de l'observable.

Printed by Books on Demand GmbH, Norderstedt / Germany